Zungenrede

Was lehrt die Bibel darüber?

Reihe Orientierung, Band 12

SAMENKORN

1. Auflage 2012
Bestellnummer: 894 064
Text und Herausgeber: Dr. Lothar Gassmann

ISBN 978-3-86203-064-4

Inhalt

Zungenrede. Was lehrt die Bibel darüber?

Wir wollen zu diesem Thema insbesondere 1. Korinther 14 betrachten – ein Kapitel, das die Überschrift tragen könnte: »Sprachenrede und prophetische Rede«. Oft wird der griechische Begriff »glossa« mit »Zunge« übersetzt (wovon sich das bekannte Wort »Zungenreden« ableitet), doch ist die Übersetzung »Sprache« – wie wir noch sehen werden – sachgemäßer und unmissverständlicher.

Der Inhalt von 1. Korinther 14

Ich gebe 1. Korinther 14 nach der Schlachter-Übersetzung wieder, weil sie gerade in diesem schwierigen Kapitel (und auch an vielen anderen Stellen) genauer ist als die Luther-Übersetzung. So schreibt der Apostel Paulus, inspiriert vom Heiligen Geist:

Strebt nach der Liebe, doch bemüht euch auch eifrig um die Geisteswirkungen; am meisten aber, dass ihr weissagt! Denn wer in Sprachen redet, der redet nicht für Menschen, sondern für Gott; denn niemand versteht es, sondern er redet Geheimnisse im Geist. Wer aber weissagt, der redet für Menschen zur Erbauung, zur Ermahnung und zum Trost.

Wer in einer Sprache redet, erbaut sich selbst; wer aber weissagt, erbaut die Gemeinde. Ich wünschte, dass ihr alle in Sprachen reden würdet, noch viel mehr aber, dass ihr weissagen würdet. Denn wer weissagt, ist größer, als wer in Sprachen redet; es sei denn, dass er es auslegt, damit die Gemeinde Erbauung empfängt.

Nun aber, ihr Brüder, wenn ich zu euch käme und in Sprachen redete, was würde ich euch nützen, wenn ich nicht zu euch redete, sei es durch Offenbarung oder durch Erkenntnis oder durch Weissagung oder durch

Lehre? Ist es doch ebenso mit den leblosen Instrumenten, die einen Laut von sich geben, sei es eine Flöte oder eine Harfe; wenn sie nicht bestimmte Töne geben, wie kann man erkennen, was auf der Flöte oder auf der Harfe gespielt wird? Ebenso auch, wenn die Posaune einen undeutlichen Ton gibt, wer wird sich zum Kampf rüsten? So auch ihr, wenn ihr durch die Sprache nicht eine verständliche Rede gebt, wie kann man verstehen, was geredet wird? Denn ihr werdet in den Wind reden.

Es gibt wohl mancherlei Arten von Stimmen in der Welt, und keine von ihnen ist ohne Laut. Wenn ich nun den Sinn des Lautes nicht kenne, so werde ich dem Redenden ein Fremder sein und der Redende für mich ein Fremder. Also auch ihr, da ihr eifrig nach Geisteswirkungen trachtet, strebt danach, dass ihr zur Erbauung der Gemeinde Überfluss habt!

Darum: Wer in einer Sprache redet, der bete, dass er es auch auslegen kann. Denn wenn ich in einer Sprache bete, so betet zwar mein Geist, aber mein Verstand ist ohne Frucht. Wie soll es nun sein? Ich will mit dem Geist beten, ich will aber auch mit dem Verstand beten; ich will mit dem Geist lobsingen, ich will aber auch mit dem Verstand lobsingen.

Sonst, wenn du mit dem Geist den Lobpreis sprichst, wie soll der, welcher die Stelle des Unkundigen einnimmt, das Amen sprechen zu deiner Danksagung, da er nicht weiß, was du sagst? Du magst wohl schön danksagen, aber der andere wird nicht erbaut.

Ich danke meinem Gott, dass ich mehr in Sprachen rede als ihr alle. Aber in der Gemeinde will ich lieber fünf Worte mit meinem Verstand reden, damit ich auch andere unterweise, als zehntausend Worte in einer Sprache.

Ihr Brüder, werdet nicht Kinder im Verständnis, sondern in der Bosheit seid Unmündige, im Verständnis aber werdet erwachsen.

Im Gesetz steht geschrieben: »Ich will mit fremden Sprachen und mit fremden Lippen zu diesem Volk reden, aber auch so werden sie nicht auf Mich hören, spricht der HERR«. Darum dienen die Sprachen als ein Zeichen, und zwar nicht für die Gläubigen, sondern für die Ungläubigen; die Weissagung aber ist nicht für die Ungläubigen, sondern für die Gläubigen.

Wenn nun die ganze Gemeinde am selben Ort zusammenkäme, und alle würden in Sprachen reden, und es kämen Unkundige oder Ungläubige herein, würden sie nicht sagen, dass ihr von Sinnen seid? Wenn aber alle weissagten, und es käme ein Ungläubiger oder Unkundiger herein, so würde er von allen überführt, von allen erforscht; und so würde das Verborgene seines Herzens offenbar, und so würde er auf sein Angesicht fallen und Gott anbeten und bekennen, dass Gott wahrhaftig in euch ist.

Wie ist es nun, ihr Brüder? Wenn ihr zusammenkommt, so hat jeder von euch etwas: einen Psalm, eine Lehre, eine Sprachenrede, eine Offenbarung, eine Auslegung; alles lasst zur Erbauung geschehen! Wenn jemand in einer Sprache reden will, so sollen es zwei, höchstens drei sein, und der Reihe nach, und einer soll es auslegen. Ist aber kein Ausleger da, so schweige er in der Gemeinde; er mag aber für sich selbst und zu Gott reden.

Propheten aber sollen zwei oder drei reden, und die anderen sollen es beurteilen. Wenn aber einem anderen, der dasitzt, eine Offenbarung zuteil wird, so soll der erste schweigen. Denn ihr könnt alle einer nach dem anderen weissagen, damit alle lernen und alle ermahnt werden. Und die Geister der Propheten sind den Propheten untertan. Denn Gott ist nicht ein Gott der Unordnung, sondern des Friedens, wie in allen Gemeinden der Heiligen.

Eure Frauen sollen in den Gemeinden schweigen; denn es ist ihnen nicht gestattet zu reden, sondern sie sollen sich unterordnen, wie es auch das Gesetz sagt. Wenn sie aber etwas lernen wollen, so sollen sie daheim ihre eigenen Männer fragen; denn es ist für Frauen schändlich, in der Gemeinde zu reden. Oder ist von euch das Wort Gottes ausgegangen? Oder ist es zu euch allein gekommen?

Wenn jemand glaubt, ein Prophet zu sein oder geistlich, der erkenne, dass die Dinge, die ich euch schreibe, Gebote des HERRN sind. Wenn es aber jemand missachten will, der missachte es! Also, ihr Brüder, strebt danach zu weissagen, und das Reden in Sprachen verhindert nicht. Lasst alles anständig und ordentlich zugehen!

Grundsätzliches

Kaum ein Kapitel in der Bibel hat so viele Diskussionen und unterschiedliche Auslegungen hervorgebracht wie dieses Kapitel 14 in Verbindung mit Kapitel 12 und 13 des ersten Korintherbriefes. So gibt es in der Christenheit geradezu eine Spaltung bezüglich der rechten Handhabung der Zungenrede und den übernatürlichen Kraftwirkungen, welche oft miteinander in Zusammenhang gebracht werden.

1. Korinther 14 ist ein sehr langes Kapitel. Es ist viel länger als das Kapitel über die Liebe, 1. Korinther 13. Das Kapitel 13 ist konzentriert und enthält die wichtigste Botschaft! In Kapitel 14 hingegen muss der Apostel Paulus vieles erklären und erläutern, weil es bei diesem Thema offensichtlich etliche Missverständnisse gegeben hat.

Wir wissen ja, dass die Korinther das Sprachenreden, da es etwas Übernatürliches ist, als eine besondere Gabe hervorgehoben haben. Aber in Kapitel 12 steht dieses in der Reihenfolge der Gabenordung an letzter Stelle! Kapitel 14 dient dazu, dieser sicherlich auch wichtigen Gabe ihren richtigen Platz anzuweisen – nämlich am Ende der Gabenskala! Das Sprachenreden wird im Zusammenhang mit dem Weissagen kommentiert und mit diesem verglichen.

Was ist Weissagen oder prophetisches Reden?

Weissagen wird in Vers 3 definiert: *Wer aber weissagt, der redet für Menschen zur Erbauung, zur Ermahnung und zum Trost.*

Zur Erbauung bedeutet zum Beispiel, dass Menschen durch die Verkündigung des Evangeliums in verständlicher Predigt gerettet werden. Dies vollzieht sich in einer klaren Sprache mit verständlichen Worten, die jeder verstehen und begreifen kann. So dient das prophetische Reden, auf Griechisch: prophetoiein, zur Erbauung, zur geistlichen Stärkung.

Ebenso dient es *zur Ermahnung*. Der Mensch, der Christ geworden ist, soll die Gebote Gottes halten und nicht wieder aus der Gnade Gottes herausfallen, indem er unbußfertig in fortlaufend praktizierter Sünde lebt. Deshalb muss der Christ auch ermahnt werden. Sicherlich ist keiner von uns ohne Sünde, aber ein Christ, der Sünde gewohnheitsmäßig praktiziert, also in der Sünde *lebt* und nicht bereit ist, in der Heiligung zu wachsen, der muss ermahnt werden, recht vor Gott zu wandeln. Wir brauchen alle Ermahnung, weil wir jeden Tag in der Gefahr stehen zu sündigen.

Des Weiteren dient die prophetische Rede, die verständliche Rede auch *zum Trost*. Sie tröstet den Christen, der schwach ist, der in Anfechtung fällt, der in Gefahr steht zu fallen, zu sündigen. Die prophetische Rede gibt ihm Zuspruch aus dem Evangelium.

So ist die Weissagung eine allen verständliche Rede.

Was ist Sprachen- bzw. Zungenrede *nicht*?

Zunächst möchte ich sagen, was christliche Sprachenrede ganz sicherlich *nicht* ist: Sie ist kein Geplapper, kein Aneinanderreihen von immer wieder gleichen Lauten, Silben und Formeln, die gleich einem Mantra ständig wiederholt werden. So mag sie zwar in manchen Kreisen heute praktiziert werden, aber diese Handhabung entspricht nicht der biblischen Gabe der Sprachenrede, obwohl sie in der heutigen Zeit vielfach genau so gesehen wird.

Es gibt eine ganz klare Bibelstelle, die deutlich macht, dass das Geplapper nicht göttlich ist. In der Bergpredigt, in Matthäus 6 Vers 7, sagt der Herr Jesus, dass wir nicht plappern sollen wie die Heiden, die denken, dass sie erhört werden, wenn sie viele Worte machen. Dieses Plappern drückt sich leider auch in dem Gestammel aus, das man in manchen (pfingstlich und charismatisch geprägten) Kreisen hört. Dieses Plappern wird dann als Zungenrede bezeichnet und als übernatürliche Gabe, als besondere Salbung des Heiligen Geistes, angesehen.

Solches sinnloses Geplapper kommt aber gerade bei den Heiden vor, wie der Herr Jesus deutlich macht. In den heidnischen Religionen und in der Esoterik finden wir sehr oft dieses Gestammel, wobei Menschen in Trancezustände versetzt werden. Dies kann durch andauernde Wiederholung von Rhythmen, Trommelschlägen, Mantra-ähnlichen Wortsilben und anderen Methoden bewirkt werden. Der Verstand wird dadurch ausgeschaltet und so können dann dämonische Mächte in den betreffenden Menschen einfahren und ihn in Besitz nehmen. Besessenheit bedeutet, dass ein Mensch von dämonischen Mächten in Besitz genommen wird. Um so einen Zustand herbeizuführen (manchmal auch unwissentlich!) wird der Verstand durch ständige Wiederholung von Geräuschen und Worten geleert.

So etwas sollen wir nicht tun! Im ersten Petrusbrief 5,8 werden wir ermahnt: *Seid nüchtern und wacht; denn euer Widersacher, der Teufel geht umher wie ein brüllender Löwe und sucht, wen er verschlinge.* Nüchternheit und Wachsamkeit sind uns geboten – und kein ekstatisches Heraustreten unserer Seele, keine Trancezustände, kein mystisches Meditieren, kein In-Sich-Versenken mit Augenschließen und Verstummen.

Wir sollen nüchtern und wachsam dem HERRN dienen. Wir sollen einfach und kindlich mit klaren Worten zum Vater im Himmel in Jesu Namen beten und die Botschaft verständlich verkündigen, wie es auch in 1. Korinther 14 grundlegend betont wird. Deshalb muss Gottes Wort prophetisch verkündet werden, das heißt: Es ist in die heutige Situation hineinzusagen.

Es hat in der Bibel Zukunftsprophetie gegeben, aber heute bedeutet prophetische Rede: die klare verständliche Verkündigung des Wortes Gottes in die Gemeindesituation hinein, die den Einzelnen und die Gemeinde insgesamt betreffen kann. Also ist Zungenreden oder Sprachenreden kein Geplapper wie das der Heiden, kein ekstatisches Gestammel, keine sinnlosen Silben, keine heidnische Beschwörung irgendwelcher Mächte, die sich oftmals als göttlich ausgeben, aber in Wirklichkeit teuflisch sind.

Eine biblische Definition des Sprachenredens

Was ist also dagegen dieses »lallon glossae« (griech.), das »Reden in Zungen bzw. Sprachen«? Ich gebe folgende Definition:

Das »lallon glossae« ist ein Reden in nicht erlernten Fremdsprachen, durch welches die damit Begabten die großen Taten Gottes preisen. Es ist dadurch ein durchaus übernatürliches Geschehen, eine echte Geistesgabe, aber eben kein unverständliches Gestammel, sondern eine verständliche Sprache für die Völker, die es betrifft.

Dies sehen wir unmissverständlich und grundlegend beim Pfingstereignis (Apostelgeschichte 2), welches wir näher betrachten werden, bevor ich dann auf 1. Korinther 14 im Überblick eingehe, zu welchem ich thematische Zusammenfassungen gemacht habe.

Das »lallon glossae« ist also ein Reden in Fremdsprachen und dadurch ein übernatürliches, vom Heiligen Geist gewirktes Geschehen, weil die Sprachenredner diese Fremdsprachen, in denen sie reden, nicht gelernt haben, sondern der Geist Gottes sie ihnen in der damaligen Missions- und Pioniersituation eingegeben hat. So wurden neue Volksgruppen erreicht, die vorher nicht zum Volk Gottes gehört hatten.

So mussten bzw. durften – je nach Aspekt! – die Israeliten feststellen, dass das Heil Gottes nun auch zu den Nationen, zu den Heiden gekommen war. Dies ist als das so genannte Sprachenwunder bekannt: Die Apostel Jesu Christi sprachen nach Jesu Auferstehung und Himmelfahrt auf dem Fest, das Pfingsten genannt wird, in »glossae«, in Sprachen, die sie nicht erlernt hatten – und die Nationen, die Heiden, die damals in Jerusalem vertreten waren, konnten sie verstehen. Dieses Pfingstwunder ereignete sich fünfzig Tage nach Jesu Auferstehung bzw. zehn Tage nach Christi Himmelfahrt.

Dieses Sprachenwunder war, dies sei nochmals als zentraler Punkt gesagt, ein Zeichen für die Juden, dass das Heil nun auch zu den Nationen gelangt war. Ich denke, dass dieses Wunder vor allem in diese Pioniersituation des ersten Jahrhunderts nach Christus gehört. Ich will aber nicht ausschließen, dass es auch heute noch Pioniersituationen geben kann, wenn das Evangelium zu Völkern gelangt, denen es noch nie verkündigt wurde. Dort kann Gott unter besonderen Umständen in Seiner Souveränität Missionaren die Gabe geben, auf übernatürliche Weise eine ihnen unbekannte Sprache schnell zu erlernen bzw. zu sprechen. (Schon das leichte Erlernen von Fremdsprachen zählt ja auch als Begabung, muss allerdings noch nicht geistgewirkt sein – es gibt generell sprachbegabte Menschen.)

Apostelgeschichte 2 und das Sprachwunder an Pfingsten in Jerusalem

Nun wollen wir in diesem Zusammenhang einen wichtigen Abschnitt aus der Apostelgeschichte betrachten, nämlich zunächst einmal das bekannte Pfingstereignis. Dieses Ereignis bestätigt, dass das Reden der Apostel damals kein unverständliches Gestammel war, wie es heute oft behauptet wird, sondern ein wirkliches Hören und Sprechen von Sprachen.

Apostelgeschichte 2,1-13: *Und als der Tag der Pfingsten sich erfüllte, waren sie alle einmütig beisammen* (nämlich die Jünger und Jüngerinnen des HERRN und speziell Seine Apostel). *Und es entstand plötzlich vom Himmel her ein Brausen wie von einem daherfahrenden gewaltigen Wind und erfüllte das ganze Haus, in dem sie saßen. Und es erschienen ihnen Zungen wie von Feuer, die sich zerteilten und sich auf jeden von ihnen setzten. Und sie wurden alle vom Heiligen Geist erfüllt und fingen an, in anderen Sprachen zu reden, wie der Geist es ihnen auszusprechen gab.* (Manchmal wird behauptet, dass dies ein Hörwunder gewesen sei. Aber hier wird ganz klar gesagt, dass sie in diesen anderen Sprachen redeten, die der Heilige Geist ihnen eingab. So war diese Begebenheit eben auch ein Sprachwunder. Dies wird in Vers 4 ganz klar betont.)

Es wohnten aber in Jerusalem Juden, gottesfürchtige Männer aus allen Heidenvölkern unter dem Himmel. Als nun dieses Getöse entstand, kam die Menge zusammen und wurde bestürzt; denn jeder hörte sie in seiner eigenen Sprache reden. Sie entsetzten sich aber alle, verwunderten sich und sprachen zu einander: Siehe, sind diese, die da reden nicht alle Galiläer (eigentlich müssten sie dann alle nur galiläisch reden!)*? Wieso hören wir sie dann jeder in unserer eigenen Sprache, in der wir geboren wurden? Parther und Meder und Elamiter und wir Bewohner von Mesopotamien, Judäa und Kappadocien, Pontus und Asia, Phrygien und Pamphylien, Ägypten und von den Gegenden Libyens bei Kyrene, und die hier weilenden Römer, Juden und Proselyten, Kreter und Araber – wir hören sie in unseren Sprachen die großen Taten Gottes verkünden! Und sie entsetzten sich alle und gerieten in Verlegenheit und sprachen einer zum anderen: Was soll das wohl sein? Andere aber spotteten und sprachen: Sie sind voll süßen Weines!*

Es gab immer Menschen, die Gottes Heil, das Evangelium, abgelehnt haben, und solche, die es annahmen. Und damals beim Pfingstereignis kamen sehr viele, mehrere Tausend, zum Glauben an Jesus. Die großen Taten Gottes haben die Jünger verkündigt in ihren Sprachen.

Apostelgeschichte 10 und das Sprachwunder bei den bekehrten Heiden in Cäsarea

Es gibt noch zwei andere Stellen in der Apostelgeschichte, in welchen weitere Gruppen von Menschen geschildert werden, die diese göttliche Sprachengabe an sich selbst erlebt haben. Dabei handelt es sich jedes Mal um Pionier-Situationen, in welchen das Evangelium zu einer neuen Gruppe von Menschen gelangt.

Dies wird zunächst in Apostelgeschichte 10 deutlich. Dort wird ausführlich beschrieben, wie der römische Hauptmann Kornelius und diejenigen in seinem Hause zum Glauben an Jesus Christus kommen. Der Hauptmann Kornelius ist nach jüdischer Sicht einer aus den »Gojim«, einer aus den nichtjüdischen Völkern oder »Heiden«. Als dieser durch die Predigt des Petrus zum Glauben an Jesus Christus gelangt, lesen wir in Apostelgeschichte 10 ab Vers 44 Folgendes:

Während Petrus noch diese Worte redete, fiel der Heilige Geist auf alle, die das Wort hörten. Und alle Gläubigen aus der Beschneidung (also die Juden), *die mit Petrus gekommen waren, gerieten außer sich vor Staunen, dass die Gabe des Heiligen Geistes auch über die Heiden ausgegossen wurde* (Es war für sie, die Israeliten, etwas völlig Neues, dass der Heilige Geist nun auch an den Heiden wirkte.) *Denn sie hörten sie* (die aus den Heiden, den Nationen!) *in Sprachen reden und Gott hoch preisen. Da ergriff Petrus das Wort: Kann auch jemand diesen das Wasser verwehren, dass sie nicht getauft werden sollten, die den Heiligen Geist empfangen haben gleich wie wir? Und er befahl, dass sie getauft würden im Namen des Herrn. Da baten sie ihn, etliche Tage zu bleiben.*

Die Juden, die hier mit Petrus zusammen waren, konnten es zunächst nicht fassen, dass nun auch die Heiden Anteil an Gottes Heil hatten, und erst in Apostelgeschichte 11 erfahren wir, dass sie dann später doch noch zur dieser Einsicht kamen. So lesen wir in Apostelgeschichte 11,15ff. (Petrus spricht hier:)

Als ich aber zu reden anfing, fiel der Heilige Geist auf sie, gleichwie auf uns am Anfang. Da gedachte ich an das Wort des Herrn, wie Er sagte: Johannes hat mit Wasser getauft, ihr aber sollt mit Heiligem Geist getauft werden. Wenn nun Gott ihnen die gleiche Gabe verliehen hat wie auch uns, nachdem sie an den Herrn Jesus Christus gläubig geworden sind, wer war ich denn, dass ich Gott hätte wehren können? (Nun folgt die Reaktion der Juden:) *Als sie aber das hörten, beruhigten sie sich* (sie waren außer sich, dass die Heiden nun auch in fremden Sprachen redeten und Gott lobten) *und priesen Gott und sprachen: So hat denn Gott auch den Heiden die Buße zum Leben gegeben!*

Apostelgeschichte 19 und das Sprachwunder bei den Johannesjüngern in Ephesus

Eine weitere Stelle in der Apostelgeschichte handelt von den Jüngern des Johannes, die noch dem Alten Bund verpflichtet waren. Johannes der Täufer war der letzte und größte Prophet des Alten Bundes. Er war zugleich der Wegbereiter des Messias und damit der wichtigste Vorläufer des Neuen Bundes. Erst der Herr Jesus hat dann den Neuen Bund aufgerichtet, welcher beinhaltet, dass Gott Sein Gesetz in das Herz der durch Seinen Heiligen Geist wiedergeborenen, an Jesus gläubigen Menschen schreibt. Jesus schenkt Seinen Jüngern Seinen Geist und wahres Leben.

So lesen wir in Apostelgeschichte 19,1-7 von den Ephesus-Jüngern:

Es geschah aber, während Apollos in Korinth war, dass Paulus, nachdem er die höher gelegenen Gebiete durchzogen hatte, nach Ephesus kam. Und als er einige Jünger fand, sprach er zu ihnen: Habt ihr den Heiligen Geist empfangen, als ihr gläubig wurdet? Sie aber antworteten ihm: Wir haben nicht einmal gehört, dass der Heilige Geist da ist! Und er sprach zu ihnen: Worauf seid ihr denn getauft worden? Sie aber erwiderten: Auf die Taufe des Johannes. Da sprach Paulus: Johannes hat mit einer Taufe der Buße getauft und dem Volk gesagt, dass sie an den glauben sollten, der nach ihm kommt, das heißt an den Christus (oder Messias) *Jesus. Als sie das hörten* (die Ephesus-Jünger)*, ließen sie sich taufen auf den Namen des Herrn Jesus. Und als Paulus ihnen die Hände auflegte, kam der Heilige Geist auf sie, und sie redeten in Sprachen und weissagten. Es waren aber im ganzen etwa zwölf Männer.*

Hier ist der Übergang vom Alten zum Neuen Bund sichtbar. Die Jünger des Johannes bekommen nun auch die Gabe, in fremden Sprachen zu reden.

Dies sind Schlüsselsituationen, in denen sich eine neue Stufe in der Heilsgeschichte erfüllt. Gott ist es, der solch ein Geschehen schenkt.

Sprachenrede – *kein* notwendiges Kennzeichen wahren Christseins

Kann man dieses aber einfach auf die heutige Zeit übertragen, so wie es die so genannte Zungenbewegung tut? Wenn es sich nicht um eine Pionier-Situation in neuen Missionsgebieten handelt, sondern um bereits entstandene Gemeinden, ist ein solcher Übertrag fraglich.

Ebenso fordern manche Gruppierungen fälschlicherweise, dass alle Gemeindemitglieder in Zungen reden müssten, – was immer man dann unter Zungenrede versteht. Jemand, der nicht in Zungen rede, so ihre falsche Lehre, sei kein vollwertiger Christ. Er wird in manchen Pfingstgemeinden nicht als Mitglied aufgenommen und wird z. B. auch nicht getraut.

Diese Ansicht ist jedoch allein schon deshalb unbiblisch, weil Gottes Wort lehrt, dass eben *nicht alle* Christen die Gabe der Sprachenrede bzw. Zungenrede haben (... *reden etwa alle in Zungen?* – 1. Korinther 2,30)! Die Geistesgaben sind ja verteilt! Falls es heute noch ein Sprachenreden gibt, können diese Gabe nur einzelne Personen haben. Auf keinen Fall ist die Gabe der Sprachenrede ein Kriterium für allgemeines Christsein – etwa in dem Sinne, dass ein Christ daran erkannt werde, ob er in Sprachen bzw. Zungen reden kann.

Nach diesen Anmerkungen zur Apostelgeschichte möchte ich nun weiter auf Kapitel 14 des 1. Korintherbriefes eingehen und das Thema entsprechend vertiefen. Es gibt ja bezüglich der Sprachen- bzw. Zungenrede so viel Unklarheit und ich hoffe mit des HERRN Hilfe, doch einiges deutlich machen zu können.

Ich werde nun den Unterschied beschreiben zwischen Sprachenrede und prophetischer Rede. Im Kapitel 14 des 1. Korintherbriefes geht es ja hauptsächlich um diese Frage. (Zum »Schweigen der Frau in der Gemeinde« verweise ich auf meine Auslegung von 1. Korinther 11, worin es generell um das Thema »Mann und Frau im Gottesdienst« geht. Siehe hierzu meine Schrift »Kopfbedeckung der Frau. Was lehrt die Bibel darüber?« in dieser Reihe.)

Was ist nun also der Unterschied zwischen Sprachenrede und prophetischer Rede?

Die ganz praktische Aufgabe der Sprachenrede

Zunächst wird in 1. Korinther 14, 2-3 deutlich, dass die Sprachenrede Gott in einer für die Ortsgemeinde unverständlichen Fremdsprache preist. Die prophetische Rede dagegen redet verständliche Worte zur Erbauung, zur Ermahnung und Tröstung der Gemeinde.

Hier stellt sich nun schon die Frage, welche Funktion eine Sprachenrede in einer Ortsgemeinde haben soll, wenn sie niemand versteht (auf die Möglichkeit einer Auslegung gehe ich später ein). So würde diese Sprachenrede in einer Gemeinde wenig nützen, wenn es sich nicht um eine Pionier-Situation auf dem Missionsfeld handelt, wo diese Fremdsprache dann auch gleich von den Einwohnern als eben ihre eigene Sprache verstanden würde. In der normalen Ortsgemeinde ist die Sprachenrede eher fragwürdig, worauf meines Erachtens das ganze Kapitel 1. Korinther 14 abzielt.

Nicht Selbsterbauung, sondern Erbauung der Gemeinde!

Der zweite Gegensatz von Sprachenrede und prophetischer Rede in Bezug auf 1. Korinther 14,4, ist folgender: Der Sprachenredner erbaut sich selbst, weil ihn in der Ortsgemeinde niemand versteht, da er ja in einer unverständlichen Sprache redet. Der prophetisch redet, erbaut die Gemeinde – und dies wird hier ganz klar positiv gewertet, während das »sich selbst Erbauen« einen negativen Beiklang hat.

Es wird zwar von manchen positiv betont, dass man durch die Sprachenrede sich selbst erbaue, aber das ganze Ziel der Geistesgaben, wie sie in 1. Korinther 14 und auch schon in 1. Korinther 12 beschrieben sind, ist, dass man diese Geistesgaben eben nicht egoistisch gebrauchen soll, sondern dass sie zum Bau der Gemeinde verwendet werden sollen. Es soll keine »Ego-Gaben« geben, sondern Geistesgaben sollen altruistisch (»für die anderen«) eingesetzt werden.

Natürlich sind die Geistesgaben auch für mich gedacht und ich habe Freude an ihnen, aber sie sind eben nicht nur für mich geschenkt, sondern sollen in der Gemeinde positiv eingebracht werden! Wenn man sich nur selbst erbaut, so ist dies nicht der Sinn der Geistesgaben, die Gott durch Seinen Geist den Gläubigen schenkt.

Wenn es also in Vers 4 heißt: *Wer in einer Sprache redet, erbaut sich selbst;* dann hat diese Aussage nach meinem Verständnis des Wortes Gottes und vom Zusammenhang von Kapitel 12 und 13 her, worin es ja auch um die Liebe geht, einen negativen Beiklang. Gerade wenn man die Geistesgaben unter dem Aspekt der Liebe sieht, klingt »sich selbst erbauen« egoistisch.

In 1. Korinther 14,1 steht geschrieben: *Strebt nach der Liebe.* So wird 1. Korinther 13 noch einmal als Thema über Kapitel 14 geschrieben. *Strebt nach der Liebe, doch bemüht euch auch eifrig um die Geisteswirkungen; am meisten aber, dass ihr weissagt!* Es steht hier nicht, »dass ihr am meisten in Zungen bzw. in Sprachen redet«! Nein, wir sollen vor allem verständlich reden. Hier in Vers 1 wird das Thema des Kapitels ganz klar genannt: Die Erbauung der Gemeinde durch verständliche Rede hat Vorrang, nicht die Selbsterbauung.

Keine Sprachenrede ohne Auslegung!

Des weiteren: Wenn es in der Gemeinde Sprachenrede gibt, so muss sie ausgelegt bzw. übersetzt werden, damit sie dann auch allen verständlich wird. Ich habe schon manche Pfingstgemeinden besucht, – ich war dort nie Mitglied – , in denen das, was als Zungenrede bezeichnet wurde, nicht ausgelegt worden ist.

In meiner Heimatstadt kenne ich eine große Pfingstgemeinde, in welcher alle gleichzeitig angeblich in Zungen reden, und keiner legt es aus. Selbst Mitglieder dieser Gemeinde haben dies schon bemerkt und als unbiblisch bezeichnet. Außerdem ist die dortige angebliche Zungenrede eher ein ekstatisches Gestammel, wobei immer die gleichen Laute ähnlich wie »schalala, schalala« hervorgebracht und eben auch nicht ausgelegt werden.

Diese Praxis steht in mehrfachem Gegensatz zu 1. Korinther 14. In Vers 5 dieses Kapitels steht, dass Sprachenrede ausgelegt werden muss, da sie sonst der Gemeinde keine Erbauung bringt. In 1. Korinther 14,6-9 wird deutlich, dass Sprachenrede, wenn sie unverständlich bleibt und nicht ausgelegt wird, ein Reden in den Wind ist. Ohne Auslegung wird sie mit einem Instrument verglichen, das keinen klaren Ton hervorbringt. Prophetische Rede dagegen ist einem Instrument gleich, das eine klare Melodie spielt und so dem Nutzen aller dient.

Es werden hier verschiedene Instrumente angeführt, wie z. B. die Harfe, die Flöte und vor allem die Posaune: *Ebenso auch, wenn die Posaune einen undeutlichen Ton gibt, wer wird sich zum Kampf rüsten?* Was nützt es einem Heer, wenn die Posaune irgendetwas bläst, aber kein klares Signal wie etwa zum Angriff oder zum Rückzug? Im Militär sind Signale ganz streng geregelt und festgelegt. Wenn ein Fantasie-Signal geblasen wird, würde niemand im Heer darauf reagieren. Es wäre also unnütz. So ist es auch in der Gemeinde: Wenn da unnütz geplappert wird, wird auch niemand positiv darauf reagieren, sondern nur den Kopf schütteln. Darauf gehe ich später noch ein.

Ein Reden in wirklichen Fremdsprachen

In 1. Korinther 14,10-13 wird es ganz klar, dass es sich bei der Sprachen- bzw. Zungenrede um wirkliche Fremdsprachen handelt:

Es gibt wohl mancherlei Arten von Stimmen (griechisch: phonä) *in der Welt, und keine von ihnen ist ohne Laut. Wenn ich nun den Sinn des Lautes nicht kenne, so werde ich dem Redenden ein Fremder* (griechisch: barbar) *sein und der Redende für mich ein Fremder* (barbar). *Also auch ihr, da ihr eifrig nach Geisteswirkungen trachtet, strebt danach, dass ihr zur Erbauung der Gemeinde Überfluss habt!*

In der Gemeinde soll es kein Stimmengewirr, kein Durcheinanderreden in ekstatischen Lauten geben, sondern sie soll erbaut werden mit Verständlichkeit und Klarheit der Rede. Der Sinn eines Sprachlautes in ihr soll und muss ganz klar zu erkennen sein. Weiter heißt es in unserem Text: *Darum: Wer in einer Sprache redet, der bete, dass er es auch auslegen kann.*

Der Verstand soll nicht ausgeschaltet werden

Vers 14 ist relativ geheimnisvoll und es gibt für ihn verschiedene Deutungen: *Denn wenn ich in einer Sprache bete, so betet zwar mein Geist, aber mein Verstand ist ohne Frucht.*

In den Auslegungen dieses Verses wird oft gerätselt, ob der Apostel Paulus mit *Geist* seinen eigenen menschlichen Geist oder den Geist Gottes meint. Ich denke, wenn man diesen Vers unter dem Aspekt betrachtet, dass auch das Sprachenreden eine Gabe Gottes ist, dann ist hier sicherlich Gottes Geist gemeint, der zu dem Geist des Paulus bzw. zum Geist des Sprachenredenden spricht. So wäre hier kein

Gegensatz zu sehen, da Gottesgeist auf Menschengeist trifft.

Natürlich ist es Gottes Geist, der den Geist des Menschen gebraucht, erfüllt und führt und ihn die eingegebene Sprache aussprechen lässt. Wenn der Mensch aber die eingegebene Sprache nicht versteht, dann bedeutet das, dass sein Verstand ihm hierbei nichts nützt. Es soll aber der Verstand des Menschen eingeschaltet und nicht ausgeschaltet sein. (Es gibt schon im Alten Testament »Verzückungen«, aber wenn dies nicht ganz klar von Gott gewirkt ist, ist Ekstase für den Menschen sehr gefährlich!) Aus diesem Grunde ist die prophetische Rede, die Weissagung, die verständliche Rede für den Menschen, für die Gemeinde, besser, wichtiger und wertvoller, weil dabei der Verstand des Menschen beteiligt ist.

Somit gilt: Wenn wir den HERRN im Verstand anbeten, ist dies viel sinnvoller, als wenn wir gar nicht verstehen, was wir beten. Wenn ich plötzlich in der Gemeinde chinesisch beten würde und könnte diese Sprache nicht, würde ich gar nicht verstehen, was ich bete und so würde mein Verstand nicht mitbeten – und auch der Verstand der Gemeindeglieder nicht – und so wäre mein Gebet nutzlos.

Manche sagen, dass dann ja Gott trotzdem angebetet wird, auch wenn sonst niemand das Gebet versteht. Aber Gott versteht ja auch meine verständliche Sprache und muss keine Fremdsprache von mir hören; somit liegt in dieser Argumentation ein gewisser Widersinn. Darum heißt es eben in Vers 14: *Denn wenn ich in einer Sprache bete, so betet zwar mein Geist, aber mein Verstand ist ohne Frucht.* Gemeint ist meines Erachtens: ohne Frucht für mich und die Gemeinde, weil ich und die Gemeindeglieder gar nicht wissen, was ich eigentlich bete.

Immer wieder: Verständlichkeit!

Vers 15: *Wie soll es nun sein? Ich will mit dem Geist beten, ich will aber auch mit dem Verstand beten; ich will mit dem Geist lobsingen, ich will aber auch mit dem Verstand lobsingen.*

Deshalb ist es gut, dass wir ein deutsches Liederbuch in der Gemeinde haben. Ich singe in russischen Gemeinden auch gerne Russisch, aber obwohl ich schon mehrere Jahre Russisch lerne, verstehe ich doch noch nicht alles. So bin ich über unseren deutschen Liederschatz dankbar und kann von Herzen mitsingen.

Es wird ein Mensch auch leichter erreicht, wenn er das Evangelium in seiner eigenen Sprache hört, weil die eigene Sprache eher zu Herzen geht als die Fremdsprache. Deshalb sollen wir in der Gemeinde verständlich predigen und nicht in unverständlichen Lauten.

Meistens ist die Gemeinde ja homogen, das bedeutet, dass alle Versammelten einer gemeinsamen Sprache mächtig sind. Natürlich kann es sein, dass sich fremdsprachige Gäste in der Gemeinde befinden. Diese finden dann aber auch meistens Mitglieder, die die Gabe haben zu übersetzen.

Wenn man etwas nicht versteht, kann es gefährlich werden

Vers 16: *Sonst, wenn du mit dem Geist den Lobpreis sprichst, wie soll der, welcher die Stelle des Unkundigen einnimmt, das Amen sprechen zu deiner Danksagung, da er nicht weiß, was du sagst?* Wie soll ich bei einem Zungengeplapper Amen sagen, wenn ich gar nicht weiß, was der Sprecher gesagt hat? Es könnte ja sein, dass er den HERRN verflucht – und ich merke es gar nicht!

So weit hergeholt ist das gar nicht. Man hat festgestellt, als man einmal einige Sprachenreden aufgezeichnet und untersucht hat, dass darin plötzlich Lästerworte enthalten waren und okkulte Begriffe. So kam der Name »schamballa« sehr oft darin vor. Schamballa ist aber ein heidnischer Wallfahrtsort in Tibet, wo der Lamaismus-Buddhismus herrscht und angeblich die buddhistischen Geister wohnen. Solche finsteren Laute werden zum Teil in Zungenreden hervorgebracht! Dies ist dann gewiss kein vom HERRN gewirktes Sprachenreden, sondern ein Geplapper, das der Herr Jesus ablehnt.

Auch die echte Sprachenrede, das Reden in einer tatsächlich irdisch gesprochenen Fremdsprache, ist eine Gabe des Geistes, die der Verstand nicht versteht. So haben es die Jünger an Pfingsten wahrscheinlich gar nicht selbst verstanden, was sie in Zungen bzw. in Sprachen geredet haben. Aber die Völker um sie herum, die es gehört haben, die haben es verstanden. So hatte da die Sprachenrede ihren Sinn, weil tatsächlich fremdsprachige Völker da waren, die auf diese Weise mit Gottes Wort erreicht wurden. Aber wie ist es heute?

Das prophetische Reden ist ebenso eine Gabe des Geistes, aber in der Ortsgemeinde verständlich und ausreichend. Es bringt Frucht. Es bewirkt Umkehr und Erbauung, Tröstung und Ermahnung.

Sprachengabe in der Missions-Situation

Weiter schreibt der Apostel Paulus in den Versen 18 ff. *Ich danke meinem Gott, dass ich mehr in Sprachen rede als ihr alle.* Wo hat er diese Gabe gebraucht? In der Missionssituation! Wenn er nach Phrygien, Lydien,

Griechenland und Rom kam! Dazu hat ihm der HERR sicher einerseits eine Sprachbegabung geschenkt; andererseits aber hat Paulus, so wie es hier steht, Sprachen gesprochen, die er nicht gelernt hatte. So konnte Paulus durch ein übernatürliches, vom HERRN gewirktes Wunder in der Missionssituation sich verständlich machen und evangelisieren.

Auch in der später folgenden Kirchengeschichte wird von manchen Sprachenwundern berichtet. So konnten manche Missionare eine fremde Sprache in Windeseile lernen oder wurden sogar sofort verstanden. Auch dies ist bezeugt und so wollen wir Sprachenwunder bzw. Sprachenrede in dieser Form nicht grundsätzlich ausschließen. Der HERR kann das souverän wirken.

Lieber fünf Worte, die verstanden werden, als zehntausend Worte in einer unverständlichen Sprache

Aber nun kommen wir wieder auf die bereits gegründete Ortsgemeinde zu sprechen. Diesbezüglich schreibt der Apostel Paulus: *Aber in der Gemeinde* (also nicht in der Missions-Situation!) *will ich lieber fünf Worte mit meinem Verstand reden, damit ich auch andere unterweise, als zehntausend Worte in einer Sprache.*

Die versammelte Gemeinde, die Ortsgemeinde, ist ja normalerweise sprachhomogen (alle können normalerweise eine gemeinsame Sprache reden und verstehen) und daher soll und kann die Verkündigung allen verständlich sein. Würde man es anders handhaben, dann würde man auf eine kindliche Stufe zurückfallen. Davor warnt Gottes Wort in Vers 20, wo geschrieben steht: *Ihr Brüder, werdet nicht Kinder im Verständnis* (die Kinder lallen ja auch oft unverständliche Laute, aber das sollen wir nicht tun), *sondern in der Bosheit seid Unmündige, im Verständnis aber werdet erwachsen.*

Kinder verstehen ja oft nicht, was andere, besonders Erwachsene, sagen, wobei sie sicher früher verstehen als sprechen können. Wir in der Gemeinde sollen aber im »Erwachsenenalter« einer *verständlichen Kommunikation* stehen. Paulus besaß sicherlich viele Sprachengaben, aber vor Ort, so betont er, gilt die Landessprache – vor allem im Gottesdienst und zur Unterweisung im Heil.

Sprachenrede – ein Zeichen für die Ungläubigen

Nun folgt im Vers 21 ff. etwas ganz Entscheidendes: Das Sprachenreden ist im Grunde ein Zeichen für die Ungläubigen. Es ist *nicht* für die Gläubigen und für die Gemeinde gedacht!

Ein geheimnisvoller Vers! Es gibt hierzu auch wieder unterschiedliche Deutungen. Sind die Ungläubigen nur die Israeliten im 1. Jahrhundert, die erkennen mussten, dass das Heil jetzt zu den Nationen geht? Sind noch andere Ungläubige (etwa Heiden) damit gemeint? Oder gilt das Wort noch für andere Zeiten?

Ich möchte das Wort Gottes für sich sprechen lassen: Der Apostel Paulus führt ein Zitat aus dem Alten Testament an, und zwar aus Jesaja 28. Diese Stelle müssen wir zum rechten Verständnis betrachten. So schreibt Paulus im Vers 21 ff.

Im Gesetz steht geschrieben: »Ich will mit fremden Sprachen und mit fremden Lippen zu diesem Volk reden, aber auch so werden sie nicht auf Mich hören, spricht der HERR«. Darum dienen die Sprachen als ein Zeichen, und zwar nicht für die Gläubigen, sondern für die Ungläubigen; die Weissagung aber ist nicht für die Ungläubigen, sondern für die Gläubigen.

Was bedeuten diese Sätze? Durch den Bibelvers aus Jesaja 28 klärt sich die Bedeutung dieser Stelle auf, wenn wir den Zusammenhang betrachten.

Worum geht es in Jesaja 28?

Es handelt sich darin um ein Gerichtswort über die sorglosen Führer von Israel und Juda, und zwar zur Zeit der assyrischen Bedrohung im 8. Jahrhundert vor Christus. So spricht in diesem Kapitel der HERR durch den Propheten Jesaja über die Menschen in Israel, besonders über die Führer in Israel, Folgendes:

Jesaja 28,7 ff. *Aber auch diese taumeln vom Wein und schwanken vom Rauschtrank: Priester und Prophet sind vom Rauschtrank berauscht, vom Wein benebelt, sie taumeln vom Rauschtrank; sie sehen nicht mehr klar, urteilen unsicher* (andere Übersetzung: Sie torkeln beim Weissagen, schwanken beim Rechtsentscheid). *Ja, alle Tische sind besudelt mit Erbrochenem und Kot bis auf den letzten Platz* (Dies ist Realität – so ging es damals in Israel zu). Nun kommt die Frage, die Gott durch Seinen Propheten stellt: *Wem soll man Erkenntnis beibringen, wem die Botschaft erläutern? Denen, die von der Milch entwöhnt, von den Brüsten abgesetzt sind?* (Auch hier wird wieder wie in 1. Korinther 14 das Kindheitsstadium erwähnt, in dem sich die Angesprochenen befinden!) *Weil sie sagen: »Vorschrift auf Vorschrift, Vorschrift auf Vorschrift; Satzung auf Satzung, Satzung auf Satzung, hier ein wenig da ein wenig«* (im Hebräischen kommt dieses »Zungengeplapper« noch deutlicher zur Geltung. Dort steht: *zawlazaw, zawlazaw, kawlakaw, kawlakaw*) *so wird auch Er* (nämlich der HERR) *zu diesem Volk mit stammelnden Lippen und in fremder Sprache reden, Er, der zu ihnen gesagt hatte: »Das ist die Ruhe! Erquickt den Müden! Und das ist die Erquickung«, aber sie wollten nicht hören. Und so soll auch ihnen das Wort des HERRN werden: »Zawlazaw, zawlazaw, kawlakaw, kawlakaw, hier ein wenig, da ein wenig« – damit sie hingehen und rückwärts hinstürzen, zerbrochen und verstrickt und gefangen werden.*

Dies sind bemerkenswerte Aussagen! Diese Wendungen (zawlazaw ... usw.) klingen nach dem Geplapper der Heiden. So merken wir, dass diese Art von »Zungenrede« sogar ein Gerichtszeichen sein könnte.

Der geschichtliche Hintergrund ist, dass ein Volk mit fremder Sprache nach Israel kam, nämlich die Assyrer, welche 722 vor Christus das Nordreich Israel erobert haben. Weil nun die Israeliten die assyrische Sprache überwiegend nicht kannten, hat sie sich für sie wie dieses Gestammel: »zawlazaw, kawlakaw…« angehört. Diese Laute entstammten wohl der Fremdsprache der Assyrer, aber diese Laute waren für Israel auch ein Zeichen des Gerichts.

Ein Zitat

John MacArthur schreibt in seiner Studienbibel in der Fußnote zu 1. Korinther 14,21 Folgendes:

> »Mit einer freien Wiedergabe von Jes 28,11.12 erklärt Paulus, dass der Herr Jahrhunderte zuvor bereits angekündigt hatte, dass Er eines Tages Menschen mit anderen Zungen, d. h. fremdsprachige Ausländer, als Zeichen benutzen wird für das ungläubige Israel, die ›nicht auf Mich hören werden‹. Diese ›fremden Sprachen‹ aus Jesaja sind die Sprachenreden, die die Korinther kannten. Sie waren einzig und allein als Zeichen für das ungläubige Israel gegeben. Es war ein dreifaches Zeichen: Fluch, Segen und Autorität. Um den Fluch zu betonen, zitiert Paulus Jesajas Warnung an Juda, dass Assyrien

an ihnen Gericht üben wird. Die Führer des Volkes hielten Jesajas Worte für zu simpel und verwarfen ihn. Doch die Zeit würde kommen, sagte der Prophet, wenn sie Assyrisch hören, eine Sprache, die sie nicht verstehen können und die Gericht anzeigt. Jeremia sprach ganz ähnlich über die Babylonier, die ebenfalls kommen und Juda zerstören würden (vgl. Jer 5,15). Als die Apostel zu Pfingsten in all diesen Fremdsprachen redeten (Apg 2,3-12), hätten die Juden wissen müssen, dass das angekündigte Gericht, das zuerst durch die Assyrer und dann durch die babylonische Gefangenschaft historisch erfüllt wurde, erneut auf sie herabfallen würde, weil sie Christus verworfen hatten. Das sollte auch die Zerstörung Jerusalems einschließen (70 n. Chr.), wie es bereits im Jahr 586 v. Chr. unter babylonischer Herrschaft geschehen war.«

Weiter schreibt MacArthur zu 1. Korinther 14,22 *(Darum dienen die Sprachen als ein Zeichen, und zwar nicht für die Gläubigen, sondern für die Ungläubigen):*

»Diese Gabe erfüllt in der Gemeinde keinen Zweck, wenn nur Gläubige anwesend sind … Der Segen, den dieses Zeichen anzeigte, bestand darin, dass Gott nun eine neue Nation aus Juden und Heiden zu Seinem Volk erbaute (Gal 3,28), um Israel zur Eifersucht zu reizen und zur Buße zu leiten (s. Röm 1,11.12.25-27). Daher wurde das Zeichen (das Zeichen des Sprachenredens. Anm. Verf.) wiederholt, als Heiden in die Gemeinde einverleibt wurden (Apg 10,44-46).«

1. Korinther 13,8: Das Sprachenreden wird aufhören ...

Dies ist eine durchaus plausible Sicht – und es stimmt mit dem überein, was wir in 1. Korinther 13,8 lesen: dass nämlich das Reden in Sprachen von selbst enden wird (auf Griechisch: pauomai). Das Verb ist in 1. Korinther 13,8 in der Passiv-Medium-Form geschrieben. Das bedeutet, dass das Sprachenreden »auslaufen« wird – wie ein Bach, der irgendwo versickert.

Manche Ausleger sind der Meinung, es sei im ersten Jahrhundert nach Christus ausgelaufen, manche datieren es später. Wir wissen jedenfalls, dass im 3. und 4. Jahrhundert nach Christus nach der Meinung einiger Kirchenväter (wie Augustinus, Chrysosthomos und anderen) das Sprachenreden nach dem 1. Jahrhundert nach Christus aufgehört habe und jetzt nicht mehr vorhanden sei.

Ich selbst möchte nicht völlig ausschließen, dass auch heute noch in der Mission fremder Völker Gott auf diese übernatürliche Weise der Sprachenrede wirken kann, aber in einer bereits fest etablierten und sprachlich homogenen Gemeinde hat es seit dem 1. Jahrhundert nach Christus eigentlich keinen Platz.

Ungeordnetes Geplapper ist anstößig

Nun kommt ein weiteres Argument des Apostels Paulus, warum das verständliche Reden, die Weissagung, haushoch über dem Reden in einer fremden Sprache steht. Dieses Argument müsste uns sehr nachdenklich machen in Bezug auf bestimmte extreme charismatische Erscheinungsformen. Paulus sagt nun ab Vers 23 Folgendes:

Wenn nun die ganze Gemeinde am selben Ort zusammenkäme, und alle würden in Sprachen reden, und es kämen Unkundige oder Ungläubige herein, würden sie nicht sagen, dass ihr von Sinnen (oder: verrückt) *seid?*

Man denke an den unverständlichen Lärm, den ein gemeinsames ekstatisches »Zungenreden« verursachen kann. Das würde niemand beeindrucken, sondern eher abstoßen! Ich habe das selbst einmal erlebt, als ich zu einer Hochzeit in einer Pfingstgemeinde eingeladen war. Da hatte man schon von draußen ein solches Geschrei in der Gemeinde gehört, dass ich nicht hineingegangen bin. Alle haben dort in »Zungen« geschrien!

Kennzeichen echter und unechter Bekehrung

Der Apostel schreibt weiter:

Wenn aber alle weissagten (verständlich predigen und von der Sünde überführen), *und es käme ein Ungläubiger oder Unkundiger herein, so würde er von allen überführt, von allen erforscht; und so würde das Verborgene seines Herzens offenbar, und so würde er auf sein Angesicht fallen und Gott anbeten und bekennen, dass Gott wahrhaftig in euch ist.* Dies wird durch verständliche Predigt bewirkt, wenn das Wort Gottes, die Botschaft von Sünde und Gnade, verständlich ausgelegt wird.

Ich besitze gewisse Videoaufzeichnungen von charismatischen Veranstaltungen, worin Menschen gezeigt werden, die sich in Zuckungen wie Schlangen auf dem Boden winden, die Geräusche ausstoßen wie Hühner, die am ganzen Leib zittern und nach hinten umfallen. Sind solche Zustände von Gott? Selbst gemäßigte Pfingstler sagen, dass, wenn so etwas bei ihnen in der Gemeinde geschähe, sie da nicht mehr hingingen.

Ich denke, dass diese erwähnten Erscheinungen Besessenheits-Phänomene sind, dass ein böser Geist diese Menschen ergriffen hat, denn der Geist Gottes möchte, dass wir in der Gemeinde Ordnung haben. Dies steht ganz klar im nächsten Abschnitt von Kapitel 14.

So wird in 1. Korinther 14,26 ff. gesagt, dass (wenn es heute überhaupt noch so etwas wie Sprachenreden gibt) es ordentlich ablaufen soll! Erstens soll einer nach dem anderen reden und zweitens soll es dann auch ausgelegt werden! Wo ist dies heute noch der Fall? Meistens ist es doch heute so, dass das »Zungenreden« in der Unordnung abläuft: Ein heilloses Durcheinander; wahllos werden Personen die Hände aufgelegt und die Menschen fallen nach hinten um.

Umfallen nach hinten – ein Gerichtszeichen!

Dieses Umfallen nach hinten ist aber nach Jesaja 28,13 ein Zeichen für Gericht! Ich habe es gerade erwähnt: *zawlazaw, kawlakaw … – damit sie hingehen und* ***rückwärts hinstürzen****, zerbrochen und verstrickt und gefangen werden.* Dieses Rückwärtsfallen, in den Trancezustand kippen ist in der Bibel immer ein Zeichen für Gericht – und kein Segen! Dabei wird nämlich symbolisch (manchmal auch real) die Blöße vor Gott aufgedeckt – eine Schande und ein Frevel!

(Eine Ausnahme ist das Sich-nach-hinten-Fallen-Lassen in das Wasser bei der Taufe, denn hier symbolisiert dies das Sterben im Taufgrab gemäß Römer 6. Das Wasser bedeckt den Menschen, so dass seine Blöße bedeckt bleibt.)

Es gibt verschiedene Bibelstellen, die das Nach-Hinten-Fallen oder passive Umfallen als Gerichtszeichen belegen: Als der Priester Eli die Nachricht von der Niederlage des Heeres, dem Tod seiner Söhne und dem Verlust der Bundeslade bekommt, fällt er rückwärts vom Stuhl und ist tot (1. Samuel 4,18). Als die Soldaten im Garten Gethsemane den Herrn Jesus gefangen nehmen wollen, weichen sie zurück und fallen um, vermutlich auch rückwärts, nachdem Jesus auf ihre Frage, ob Er Jesus sei, sprach: »*Ich bin's!*« (Johannes 18,6). Manche behaupten, die Soldaten seien dabei gesegnet worden, aber sie waren ja die Feinde des Herrn! Wieso sollten sie bei so einer Handlung wie Jesu Festnahme gesegnet worden sein? Diese Behauptung klingt absurd!

Dagegen steht ganz klar in 1. Korinther 14,25, dass sich der, welcher von seiner Sünde durch verständliche Predigt überführt wird, bewusst und aktiv ***auf sein Angesicht neigt***. So haben wir folgende Unterscheidung:

Nach Jesaja 28,13 ist das passive Nach-Hinten-Kippen ein Zeichen des Gerichts, während nach 1. Korinther 14,25 das Buße-Tun und Auf-Sein-Angesicht-Sich-Neigen ein Zeichen für Segen und Errettung ist. Dies sind wichtige Stellen und Kriterien zur Geisterunterscheidung.

Lasst euch daher nie ohne vorherige gründliche Einzelseelsorge die Hände auflegen (vgl. 1. Timotheus 5,22)! Vor allem: Hütet euch davor, euch in Trancezustände versenken zu lassen! Bleibt nüchtern und wachsam! Viele haben bei schwärmerischen Veranstaltungen charismatisch-pfingstlicher Art keine Teufelsaustreibungen, sondern Teufelseintreibungen erlebt. Sie bekamen dann plötzlich Lästergedanken und konnten nicht mehr richtig beten. Erst als sie dann Buße getan und sich von dem falschen Geist losgesagt haben, wurden sie wieder frohe Kinder Gottes – ohne diese schwärmerisch-ekstatischen Zustände, die ein falscher Geist bewirken kann.

Die Geister der Propheten sind den Propheten untertan

Wenn es heute noch Sprachenrede geben sollte, so muss sie geordnet vorgebracht (höchstens drei Redner hintereinander) und dann auch ausgelegt werden; sonst ist sie unnütz und widerspricht jeder Liebe, die den Menschen auf verständliche Weise von seiner Sünde überführt und aufbaut. Auch sollen nur zwei oder drei Propheten reden und die Gemeinde soll es dann beurteilen. Ich denke, dass es keine speziellen Prophetenschulen gibt, wie manche heute behaupten, sondern dass Gott durch Seinen Geist auch heute noch in den Gemeinden Umstände aufdecken kann, so dass Brüder aufstehen und dies der Gemeinde mitteilen können.

Aber wenn dies geschieht, soll es in der beschriebenen Ordnung geschehen. Denn in Vers 32 steht: *Und die Geister der Propheten sind den Propheten untertan.* Dies ist ein wichtiger Vers, ein wichtiges Argument gegen die Zwangshandlungen in manchen charismatischen Kreisen, in denen etliche sagen, dass sie das Bewegen ihrer Lippen gar nicht abstellen können. Sie haben den Geist eben nicht unter Kontrolle, sondern werden von fremden Geistern kontrolliert. Gott tut hingegen nichts, was gegen unser Kontrollvermögen und unseren Verstand geht. Wenn der Geist dem Propheten nicht untertan ist, so ist es ein falscher Geist. Durch diese Worte aus der Heiligen Schrift sollen wir uns warnen lassen! *Denn Gott ist nicht ein Gott der Unordnung, sondern des Friedens, wie in allen Gemeinden der Heiligen.*

Abschließende Hinweise

Am Schluss steht die Frage in Vers 36-40: *Oder ist von euch das Wort Gottes ausgegangen? Oder ist es zu euch allein gekommen? Wenn jemand glaubt, ein Prophet zu sein oder geistlich, der erkenne, dass die Dinge, die ich euch schreibe, Gebote des HERRN sind.*

Der Apostel Paulus hat offenbar vorausgesehen, dass das, was er hier schreibt, hinterfragt werden wird. Und seine Lehre wird ja heute tatsächlich in vielen Gemeinden missachtet. Aber er sagt, dass seine Lehre Gebote des HERRN sind! Diese Ordnungen sind einzuhalten, damit in den Gemeinden Gottes kein Chaos verursacht wird durch unkontrollierte Laute und ekstatisches Gestammel, so wie es heute häufig geschieht.

Dies gebietet auch die Liebe des HERRN und die Liebe zum HERRN! So heißt es am Schluss von Kapitel 14: *Wenn es aber jemand missachten will, der missachte es!* (aber er wird dann unter dem Gericht stehen, könnte man gedanklich ergänzen!) *Also, Ihr Brüder, strebt danach zu weissagen, und das Reden in Sprachen verhindert nicht. Lasst alles anständig und ordentlich zugehen!*

Diese Verse muss man im obigen Zusammenhang sehen. Ich persönlich hätte nicht den Mut, wie ihn manche Dispensationalisten haben, die Sprachenrede oder Zungenrede nur auf das 1. Jahrhundert nach Christus zu begrenzen. Wenn es sie aber noch gibt, dann müssen alle die angegebenen Kontrollmechanismen eingehalten werden.

Wo ist dies der Fall? In den pfingstlich-charismatisch orientierten Gemeinden, die ich kenne (ich war nie Mitglied) und die ich aus Interesse besucht habe, ist das Zungen- bzw. Sprachenreden nicht in der biblischen Ordnung abgelaufen, sondern ich fand dort ein heilloses Chaos vor! Diesen Gemeinden muss man sagen, dass, wenn es die Sprachen- bzw. Zungenrede noch gibt, sie biblisch eingesetzt werden muss. Das Sprachen- bzw. Zungenreden muss eine klare Fremdsprache sein, dann muss einer nach dem anderen in dieser Sprache reden und es muss ausgelegt werden. Sonst ist diese Gabe nicht von Gott, sondern von unten.

Die Frage stellt sich natürlich, ob man diese Gabe der Sprachen- bzw. Zungenrede für die Ungläubigen heute noch braucht, oder ob man, weil die Gemeinde sprachlich homogen ist, nur noch in verständlicher Sprache predigen soll. Auf keinen Fall darf es ein ekstatisches Gestammel sein! Wenn überhaupt, so soll die Zungen- bzw. Sprachenrede eine Fremdsprache sein, die einem anderen dient, der – in unserem Lande – zum Beispiel kein Deutsch kann, und so durch die Sprachenrede die Botschaft z. B. auf türkisch oder chinesisch hört. Dann hätte diese Gabe in einer heutigen Ortsgemeinde einen Sinn, ansonsten brächte sie zur Erbauung der Gemeinde keinen Nutzen.

Ein Vorläufer der Pfingstbewegung kommt zu Wort

Nun möchte ich noch eine Schrift von Reuben Archer Torrey anführen. Er gilt geradezu als *der* Vorläufer der Pfingstbewegung. Er hat die Anfänge dieser Bewegung noch miterlebt und sich dazu geäußert. Es gibt von ihm heute noch unter anderem ein Buch im Herold-Verlag mit dem Titel: »Der Heilige Geist«, worin er leider auch fragwürdige Lehren vertreten hat, etwa über die so genannte Geistestaufe.

Die Pfingstbewegung hat sich massiv auf ihn berufen. Torrey kommt aus der Heiligungsbewegung, so wie auch Finney, Moody u.a. Er hat viel Gutes geschrieben und man kann in Bezug auf die Heiligung vieles von ihm lernen. Aber Torrey hat auch die so genannte Stufenlehre vorbereitet. Es ist die Behauptung, dass die so genannte Geistestaufe (ein meist ekstatisch geschildertes Erlebnis) eine höhere Stufe des Christseins sei, obwohl in Epheser 1,13 klar gelehrt wird, dass der Gläubige bereits seit seinem Gläubigwerden an Jesus Christus mit dem Heiligen Geist versiegelt ist: »*... in Ihm seid auch ihr, als ihr gläubig wurdet, versiegelt worden mit dem Heiligen Geist der Verheißung.*«

Natürlich sollen wir in der Heiligung wachsen, indem wir den Heiligen Geist nicht dämpfen. Aber eine Stufenlehre, wie Torrey und seine Nachfolger es schilderten, lehrt die Bibel nach meiner Erkenntnis nicht.

Dieser berühmte R. A. Torrey nun hat um 1912 ein Traktat mit der interessanten Überschrift geschrieben: *»Ist die gegenwärtige Zungenbewegung von Gott?«* Und er antwortete darauf: *»Sie ist es nicht!«*

Bevor wir die Begründung dieses Hauptvorläufers der Pfingstbewegung für diese Aussage hören, zunächst kurz zu Torreys Leben: Reuben Archer Torrey lebte von 1865 bis 1928. Die Pfingstbewegung datiert ihren Anfang auf 1901, also am Anfang des 20. Jahrhunderts. Sie kam 1907 nach Deutschland, wo die Tumulte in Kassel bekannt wurden, als sich Mitglieder einer pfingstlichen Versammlung wie Schlangen auf dem Boden wälzten und ein solches Chaos ausbrach, dass sogar die Polizei einschritt.

Auszüge aus der Berliner Erklärung

Daraufhin wurde 1909 in Deutschland von besonnenen Brüdern die Berliner Erklärung verfasst, in welcher steht:

> »Die so genannte Pfingstbewegung ist nicht von oben, sondern von unten! Sie hat viele Erscheinungen mit dem Spiritismus gemein. Es wirken in ihr Dämonen, welche, vom Satan mit List geleitet, Lüge und Wahrheit vermengen, um die Kinder Gottes zu verführen. In vielen Fällen haben sich die so genannten Geistbegabten nachträglich als besessen erwiesen. An der Überzeugung, dass diese Bewegung von unten her ist, kann die persönliche Treue und Hingebung einzelner führender Geschwister nicht irre machen, auch nicht die Heilungen, Zungen, Weissagungen usw., von denen die Bewegung begleitet ist. Schon oft sind solche Zeichen mit ähnlichen Bewegungen verbunden gewesen z. B. mit dem Irvingianismus, ja selbst mit der Christlichen Wissenschaft (Christian Science) und dem Spiritismus. [...]
>
> Der Geist in dieser Bewegung bringt geistige und körperliche Machtwirkungen hervor. Dennoch ist es ein falscher Geist. Er hat sich als solcher entlarvt. Die hässlichen Erscheinungen, wie Hinstürzen, Gesichtszuckungen, Zittern, Schreien, widerliches lautes Lachen usw. treten auch diesmal in Versammlungen auf. Wir lassen dahingestellt, wie viel davon dämonisch, wie viel hysterisch oder seelisch ist. Gottgewirkt sind solche Erscheinungen nicht.«

So weit die Berliner Erklärung, die natürlich besonders von Seiten der Pfingstbewegung sehr umstritten ist.

Sieben Gründe, warum die gegenwärtige Zungenbewegung nicht von Gott ist

Von Reuben Archer Torrey

Lesen wir nun das angekündigte Traktat von Torrey: *Ist die gegenwärtige Zungenbewegung von Gott?*

»Antwort: Sie ist es nicht. Das wird durch die folgenden Tatsachen offensichtlich.

1. Die gegenwärtige Zungenbewegung erhebt das Zungenreden zum einzigen und entscheidenden Beweis dafür, dass jemand die Taufe mit dem Heiligen Geist empfangen hat. Die Zungenredner erklären ständig, dass jeder, der noch nicht in Zungen gesprochen hat, auch noch nicht die Taufe mit dem Heiligen Geist empfangen habe. Diese Behauptung widerspricht der ausdrücklichen und klaren Lehre der Bibel. [...] Wer sorgfältig 1. Korinther 12,4-11 liest, wird diesen Sachverhalt erkennen. In Vers 30 desselben Kapitels fragt der Geist Gottes durch den Apostel Paulus solche, die er als in den Geist getauft bezeichnet (Vers 13): ***Reden sie alle in Zungen?*** Die eindeutige Schlussfolgerung daraus ist, dass nicht alle in Zungen redeten. Dieses Kapitel erklärt in unmissverständlichen Worten, dass ein Gläubiger zwar mit dem Heiligen Geist getauft sein kann, aber dennoch nicht in Zungen redet. Deshalb widerspricht die Auffassung der Zungenredner, dass jeder, der nicht in Zungen redet, auch nicht die Taufe mit dem Heiligen Geist empfangen hat, den eindeutigen Aussagen der Bibel.

2. Die praktische Auswirkung der Lehre der Zungenbewegung besteht darin, das Zungenreden zur wichtigsten der Manifestationen der Gegenwart und Kraft des (Heiligen) Geistes zu machen. Dies ist wiederum der klaren Lehre des Wortes Gottes entgegengesetzt. Das Wort Gottes erklärt in unmiss-

verständlicher Weise, dass das Reden in Zungen eine der am wenigsten wichtigen Kundgebungen der Gegenwart und Kraft des Heiligen Geistes ist. In der Liste, die wir im 12. Kapitel des 1. Korintherbriefes finden, wird ***mancherlei Zungenrede*** (Vers 10) praktisch am Ende derjenigen Gaben angeführt, die der Geist den Gläubigen schenkt. Ebenso steht das Zungenreden in den Versen 29-30 desselben Kapitels am Ende der Liste. Bemerkenswerterweise findet im Epheserbrief 4,7-12 die Zungenrede gar keine Erwähnung. Sie wird hier nicht als eine Gabe erwähnt, die von dem aufgefahrenen Christus durch den Heiligen Geist der Gemeinde geschenkt wird. Darüber hinaus wird in 1. Korinther 14,5 deutlich gesagt, dass derjenige, der weissagt, größer ist als der, welcher in Zungen redet. Und im 19. Vers erklärt der Apostel Paulus selbst, dass er lieber fünf verständliche Worte reden würde, um andere lehren zu können, als zehntausend Worte in Zungen.

3. Die Zungenbewegung führt ihre Anhänger dazu, die Zungenrede mehr als jede andere Gabe zu suchen, während uns die Bibel klar lehrt, dass wir eher nach einer anderen Gabe als dieser streben sollten. In 1. Korinther 12,31 sagt die Bibel: ***Strebet nach*** (oder begehrt ernsthaft) ***den besseren Gaben.*** Die hier gebrauchten Worte bedeuten buchstäblich übersetzt: ***die größeren Gaben*** und der Zusammenhang zeigt klar, dass mit den größeren Gaben eine andere Gabe als das Zungenreden gemeint ist. Das 14. Kapitel sagt im ersten Vers: ***Strebet nach den geistlichen Gaben, am meisten aber, dass ihr weissagen mögt!*** Dann begründet Paulus in den nachfolgenden Versen, warum wir das Weissagen der Zungenrede vorziehen sollten. Somit ist das Streben nach der Zungenrede, die solch ein hervorstechendes Merkmal in der so genannten

Zungenbewegung ist, völlig unbiblisch. Es steht in direktem Widerspruch zu den klaren Lehren des Wortes Gottes.

4. In Bezug auf das Zungenreden in öffentlichen Versammlungen sind die Leiter der Zungenbewegung in ständigem Ungehorsam gegenüber der offenbarten Lehre des Wortes. Das Wort Gottes lehrt in 1. Korinther 14 sehr klar, dass das Zungenreden eher privat als öffentlich praktiziert werden sollte. Paulus sagt in 1. Korinther 14,19: ***Aber ich will in der Gemeinde*** (das heißt: in der öffentlichen Versammlung) ***lieber fünf Worte reden mit meinem Verstand, damit ich auch andere unterweise, als zehntausend Worte in Zungen.*** Er fährt fort darzulegen, dass, wenn in der öffentlichen Versammlung in Zungen geredet wird, nicht mehr als zwei oder höchstens drei in solch einer Zusammenkunft reden sollten. Außerdem, wo zwei oder höchstens drei in Zungen reden, sollten sie nur einer nach dem andern reden und nicht zwei oder mehr zur selben Zeit (1. Korinther 14,7). Und er befiehlt sogar weiter, dass, wenn keiner das Gesagte auslegen kann, niemand in der öffentlichen Versammlung in Zungen reden soll. Das heißt, wenn kein Ausleger in der Gemeinde anwesend ist, soll derjenige, der in Zungen reden möchte, schweigen und für sich selbst und zu Gott reden (Vers 7-29). In den Versammlungen der Zungenredner sprechen oft viele in Zungen. Meistens sprechen mehrere zur selben Zeit. Und sie sprechen auch dann, wenn kein Ausleger anwesend ist. Durch dieses Verhalten sind sie Gott völlig ungehorsam und ganz sicher ist eine Bewegung, die so beständig dem nicht gehorcht, was Gott in Seinem Wort befiehlt, nicht von Gott.

5. Die Zungenbewegung ist von schwerwiegendster Unordnung und schlimmster Unmoral beglei-

tet. Gott erklärt in 1. Korinther 14,33, dass Gott nicht ein Gott der Unordnung ist. Das hier mit »Unordnung« übersetzte Wort bedeutet: ein Zustand der Unordnung, Störung, Verwirrung. Auf einer der bedeutendsten Versammlungen der Zungenredner, die kürzlich in dieser Stadt, Los Angeles, abgehalten wurde, hat sich die unbeschreiblichste Unordnung, Störung und Verwirrung abgespielt. **(Ähnlich war es auch 1907 in Kassel und in jüngerer Vergangenheit in Toronto, beim so genannten »Toronto-Segen«. Ich habe ein Video von solchen Auswüchsen. Wenn man dies sieht, ist man davon kuriert, solche Vorgänge irgendwie als göttlich zu bezeichnen! So hat Torrey dies auch Anfang des 20. Jahrhunderts in Los Angeles erlebt, wie er nun weiter ausführt. Leider sind diese Erscheinungen für die Zungenbewegung m. E. typisch. Anm. Gassmann)** Viele Männer und Frauen haben stundenlang bis weit in die Nacht hinein Seite an Seite am Boden oder auf der Bühne in unanständigster und unzüchtigster Weise in einem Zustand hypnotischer Bewusstlosigkeit gelegen und haben sich damit schändlicher Missachtung in den Augen der Öffentlichkeit ausgeliefert. Die Leiterin **(meistens sind Frauen mitführend. Anm. Gassmann)** in diesen Versammlungen, eine Frau von großer Berühmtheit, hat diese bedauernswerten Männer und Frauen mit Methoden in diesen Zustand versetzt, die eindeutig hypnotischer Natur waren und völlig identisch mit den Methoden der Heiden in Afrika und den Hypnotiseuren in spiritistischen oder anderen Versammlungen in diesem Land sind. Wenn jemand geheilt werden oder die Taufe mit dem Heiligen Geist empfangen wollte, wurde er, den Rücken zum Publikum gewandt, auf einen Stuhl gesetzt. Dann ergriff ein Mann ihn am Kopf, legte die eine Hand auf das Haupt und die andere heftig auf den Hinterkopf. Anschließend hat diese Frau am Körper herumgerieben. An Männern geschah das manchmal in unzüchtigster Weise. Wenn sich später die Leute von ihrem Sitz erhoben, wurden ihnen die Arme von unten abgestützt und man befahl ihnen, ihre Arme hoch zu halten. Dies taten sie so lange, bis diese Menschen ohnmächtig umfielen. In einem bestimmten Fall, der mir bekannt ist, hat ein Junge seine Arme wenigstens eine Stunde hochgehalten, bevor er unter der »Kraft«, wie sie es nennen, umfiel. **(Wir fühlen uns an »Power« und »power evangelism« erinnert! Anm. Gassmann)** Es muss kaum gesagt werden, dass dies nicht im Geringsten mit dem Neuen Testament übereinstimmt, dafür aber dem ähnelt, was die Heiden in Afrika, die Fakire in Indien und Hypnotiseure in diesem Land praktizieren. Die ganze Sache ist für jeden, der die biblischen Lehren wirklich kennt und weiß, was das tatsächliche Wirken des Heiligen Geistes ist, sehr abstoßend. In 2. Timotheus 1,7 werden wir gelehrt, dass der Heilige Geist nicht ein Geist der Furcht sondern der Kraft, der Liebe und der Besonnenheit ist. Der Geist, der sich in den Versammlungen der Zungenredner manifestiert, ist alles andere als ein Geist der Besonnenheit oder Vernunft.

Aber die Verwirrung, so unehrenhaft sie für das Wort Gottes ist und so klar wie sie vom Wort Gottes zurückgewiesen wird, ist nicht das Schlimmste in der Zungenbewegung. Mit ihr ist, wie bereits oben erwähnt, schlimmste Unmoral verbunden. **(Torrey führt nun einige Beispiele von Ehebruch und anderen unzüchtigen Handlungen an, wie sie sicherlich auch in anderen Gemeinden auftreten. Dies möchte ich nun nicht zitieren. Wir wissen aber, dass Unzucht in diesen schwärmerischen Bewegungen sehr häufig vorkommt. Anm. Gassmann).**

6. Mit der Ausbreitung der Zungenbewegung wurde es in zahlreichen Fällen offenbar, dass sie dämonisch war. Es schien offensichtlich, dass solche, die behaupteten in Zungen zu reden, tatsächlich in einer ihnen unverständlichen Sprache redeten. Aber was sie sagten, war ordinär und schlimm. Es bewies, dass der sie bewegende Geist nicht der Heilige Geist, sondern ein Dämon war. In Macao, China, traten genau solche Manifestationen auf, wie sie von der Gesellschaft für parapsychologische Forschung (Society for Psychical Research) im Zusammenhang mit spiritistischen Versammlungen beschrieben werden. Einige, die in Zungen geredet haben, entdeckten nachher, dass sie dämonisch besessen waren, anstatt mit dem Heiligen Geist getauft zu sein. Auf derselben Linie gab es bemerkenswerte und erschreckende wie abstoßende Entwicklungen in Deutschland. **(Hier muss ich einschieben, dass dieses Traktat wahrscheinlich um 1912 verfasst wurde, nach den Kasseler Vorgängen in Deutschland. Anm. Gassmann)** Die Wahrheit ist, dass so viele Leute so begierig sind, von irgendeinem übernatürlichen Geist gesteuert zu werden, dass sie nicht mehr darauf Acht haben, ob dieses übernatürliche Wesen, das sie kontrolliert, nun der Heilige Geist oder ein Dämon ist; und die Zungenbewegung hat einige der erschreckendsten Entwicklungen auf diesem Gebiet aufzuweisen.

7. Die Zungenbewegung ist in all ihren wesentlichen Kennzeichen nichts Neues. Dieselben Phänomene traten zwischen 1830 und 1840 in der unglücklichen Irvingianischen Bewegung in England auf. In dieser Bewegung gab es die wunderbarsten Phänomene des Zungenredens, die für einige Zeit einige sonst besonnene Männer und Frauen verführte. Danach bekamen sie aber unzweideutige

Beweise dafür, dass der Geist, der den Redner kontrollierte, auf keinen Fall der Heilige Geist, sondern ein böser Geist war. **(Aus dieser Irvingianischen Bewegung gingen übrigens später die Katholisch-Apostolische und die Neuapostolische Kirche hervor, die als Sekten bekannt sind. Anm. Gassmann)** Zungenreden ist für viele Jahre bei den Mormonen praktiziert worden. **(Die Mormonen sind eine spiritistische Sekte und haben mit christlichem Glauben überhaupt nichts zu tun. Anm. Gassmann)** Während ihres Werdegangs haben in Mormonen-Versammlungen Männer und Frauen oftmals erklärt, in Zungen zu reden.

Um es zusammenzufassen: Die Zungenbewegung ist eine Bewegung, auf die Gott in unmissverständlicher Weise das Kennzeichen Seines Missfallens gesetzt hat – sowohl durch Sein Wort wie auch in dem, was in Seiner Zulassung in Verbindung mit dieser Bewegung sich ereignet hat. Es ist eine Bewegung, die jeder, der dem Wort Gottes glaubt und gehorcht, striktest meiden sollte; – es sei denn, um je nach Gelegenheit aufzuzeigen, welch grobe Irrtümer und Bosheiten mit ihr verbunden sind. Wir leugnen nicht die Möglichkeit, dass Gott in unseren Tagen jemandem die Zungenrede geben kann. Wenn Gott es gefällt, dies zu tun, dann kann und wird Er es tun. Aber die Gabe der Zunge wurde so offensichtlich in der frühen Kirche in einer Weise, die dem gegenwärtigen Missbrauch in der Zungenbewegung sehr ähnlich ist, falsch gebraucht, dass es sogar in der Zeit des Apostels Paulus nötig war, Leute über die Irrtümer, die mit der Zungenrede verbunden sind, zu warnen. Gott hat in Seiner Weisheit und Liebe für einige Zeit diese Gabe zurückgezogen, und es gibt keinen guten Grund für die Annahme, dass Er sie in der gegenwärtigen Zeit wieder gegeben habe. Und somit ist gewiss: Die so genannte Zungenbewegung ist nicht von Gott.«

Schluss

So weit das Traktat von Reuben Archer Torrey. Er bezieht sich vor allem auf die so genannte Zungenbewegung mit den oben von ihm beschriebenen Erscheinungen. Diese kann nicht von Gott sein. Er schließt nicht aus, dass die Gabe der Zungen- bzw. Sprachenrede in bestimmten, wie auch von mir beschriebenen, Situationen (z. B. im Missionsfeld) auftreten kann. In der von ihm beschriebenen und auch heute vorherrschenden Zungenbewegung jedoch ist so viel Ungehorsam gegen Gottes Wort vorhanden! Daher soll sich jede Gemeinde, die sich irgendwie der Zungenbewegung verbunden fühlt, prüfen, ob sie wirklich biblisch handelt – oder ob nicht unbiblische Erscheinungen, die klar vom Wort Gottes – wie oben ausgeführt – abweichen, in ihr auftreten.

Wir beten: Lieber Vater im Himmel. Im Namen Deines Sohnes Jesus Christus beten wir Dich an und preisen Deinen Namen. Du hast uns Gaben gegeben. Aber lass Du uns doch prüfen, welche Gaben von Dir sind, welche Du als nützlich und wertvoll erachtest – und welche trügerische Gaben des Feindes sind, die eher zu Schaden und Spaltung führen. Du kennst die unterschiedlichen Ansichten zu diesen Fragen. Bitte sprich Du zu jedem Herzen und lass uns alles recht prüfen an Hand Deines Wortes. Schenke Du Befreiung von falschen Geistern und bewahre uns vor der Bindung an falsche Lehren, damit wir allein Dich lieben, Dir dienen und Dir nachfolgen. Bitte sei Du uns gnädig. Amen.